प्रतिध्वनि

The echos of heart

Dr. Kritika Joshi

BookLeaf Publishing
India | USA | UK

Copyright © Dr. Kritika Joshi
All Rights Reserved.

This book has been self-published with all reasonable efforts taken to make the material error-free by the author. No part of this book shall be used, reproduced in any manner whatsoever without written permission from the author, except in the case of brief quotations embodied in critical articles and reviews.

The Author of this book is solely responsible and liable for its content including but not limited to the views, representations, descriptions, statements, information, opinions, and references ["Content"]. The Content of this book shall not constitute or be construed or deemed to reflect the opinion or expression of the Publisher or Editor. Neither the Publisher nor Editor endorse or approve the Content of this book or guarantee the reliability, accuracy, or completeness of the Content published herein and do not make any representations or warranties of any kind, express or implied, including but not limited to the implied warranties of merchantability, fitness for a particular purpose.

The Publisher and Editor shall not be liable whatsoever...

Made with ❤ on the BookLeaf Publishing Platform
www.bookleafpub.in
www.bookleafpub.com

Dedication

To Lord shree Ram and my Loving family, for being a constant source of support and encouragement.

Preface

Get ready to embark on a poetic journey that reflects the current scenario, heart wrenching events and lots of emotions.

'प्रतिध्वनि :The echoes of heart' is the collection of poems in hindi. Every verse in this collection of poem is the reflection of beauty, pain and wonders of life. So let's get lost in rhythm of words that dance between joy and sorrow, hope and despair.

Acknowledgements

My deepest gratitude to my Parents Mr Yogesh Chandra Joshi, Mrs Geeta Joshi, loving husband Dr Neeraj saraswat, my son Amogh saraswat,all family members and friends for supporting, encouraging and motivating me to write.I am also thankful to book leaf publishing for providing this wonderful platform to take this hobby of mine to next level.

Acknowledgements

1. बजरंगबली

श्री रामजी को अतिप्रिय
तुम सकल गुणों की खान हो
सब भक्तों का सहारा
तुम हर दुख का समाधान हो

निर्बल के रक्षक
तुम सन्मति के दाता हो
तुम संकट मोचन
तुम सर्व मंगल कर्ता हो

अपने शरणागतों के लिए
तुम अप्रतिबंधित आश्रय हो
बल बुद्धि विद्या के दाता
तुम चित्त शान्ति प्रदायक हो

कैंची धाम के बाबाजी
तुम नीब करौली महाराज हो
सालासर के बालाजी
तुम कष्टभंजन श्री हनुमान हो

हे कलयुग के जागृत देव
तुम हर सनातनी के संग हो
श्री राम नाम से रीझे जो
तुम सबके प्रिय श्री बजरंग हो

2. निर्भया

सतयुग का रावण भी
अच्छा था कलयुग के मानव से
इन पापों को कैसे धोयेंगे
एक राम भी अपने बाणों से
हिंसा नहीं बर्बरता है ये
आत्मा भी रोई होगी उसकी
कैसे मिलेगी शांति उस परिवार को
जिसकी बेटी इस हालात से गुजरी होगी
बेटी पढ़ी पर आगे बढ़ती कैसे ??
सामने दानवों की फ़ौज खड़ी थी
शास्त्र सीख लिए शस्त्र भी सीख लिए
पर पूरी फ़ौज से अकेली वो लड़ती कैसे ??
रोई भी होगी,चीखी- चिल्लायी भी होगी
हर पल दर्द और मौत के बीच
भीख माँग के गिड़गिड़ाई भी होगी
उस दृश्य को देख कर उस पल
मृत्यु भी घबराई होगी
ऐसी कितनी निर्भया हर रोज बनेंगी
कब तक बर्बरता की भेंट चढ़ेंगी
कोई क़ानून तो लाना होगा

किसी राजा राम मोहन रॉय को
फिर से आगे आना होगा
अब ऐसी दूषित मानसिकता पर
सम्पूर्ण अंकुश लगाना होगा
स्त्री पढ़ी लिखी या अनपढ़ हो
माँ की कोख में हो या बाहर हो
उसे निर्भया बनने नहीं,
निर्भय जीने का अधिकार है
जीवन बचेगा तो पढ़ भी लेगी
उसे उसका ये मूल अधिकार दिलाना है
डॉ कृतिका जोशी

3. यूँ ही

फुरसत के दो पल यूँ ही
कभी खुद के संग बिता लो
शांत वादियों की गोद में
अपने चंचल चित्त को सुला दो

विचारहीन बस यूँ ही
प्रकृति के एहसास को
बस धीरे- धीरे अपने
भीतर तुम बसा लो

भागती दौड़ती जिंदगी से यूँही
कुछ फुरसत के पल चुरा लो
थोड़ा मुस्कुरा लो
कुछ बेवजह गुनगुना लो

जीवन तो चलेगा यूँ ही
थोड़े काम कल पर भी टाल दो
बस कुछ पल तुम ठहरकर
खुद का भी हाल पूछ लो
डॉ कृतिका जोशी

4. शिव शक्ति

शिव-शक्ति की महिमा का
अनुमान ना कोई कर पाया
कृपा जो अनुभव कर सका
वो भव सागर को तर आया

हम मूढ़ अज्ञानी सब जन
हैँ मोह पाश से बंधे हुए
रज तम से भरा हुआ ये मन
हैँ भ्रम जाल मे फसे हुए

सद्गुरु की कृपा मिले जब
हो अहम् का त्याग तभी
शिव -शक्ति से जुड़ पाएं तब
मन के सब संताप मिटें
.......डॉ कृतिका

5. जिंदगी

उपहार सी लगे,
कभी उधार सी लगे
कभी बगीचा,
तो कभी जंग के मैदान सी लगे

कभी बसंत सी रंगीन,
कभी पतझड़ सी वीरान लगे
ये जिंदगी है साहब!
कभी मिर्च सी तीखी,
तो कभी मीठा गुलाबजामुन लगे.

हर स्वाद हर रंग का है अपना मज़ा
इसका एक जैसा रहना भी है एक सजा
हर रंग हर ख़ुशी सबको मिले
ना दुख ज्यादा ना हसीं कम मिले
सदैव जोशोमंग हर ओर रहे
हर दिन नित सुनहरे रंग भरे.
.... डॉ कृतिका

6. मनमानी :प्रकृति की पुकार

धीरे -धीरे ना जाने तुमने
कितने जंगल काट डाले
पहाड़ काटे तुमने
नदियाँ के रास्ते मोड़ डाले

मैं मौन रही सब देखती रही
तुम करते रहे अपनी मनमानी
चेताया भी तुम्हे धीरे से कभी
अब तो रुक जाओ थम जाओ यहीं
मुझ पर सिर्फ तुम्हारा ही हक़ नहीं

मैं माँ हूं हर जीव की
मै माँ हूं पेड़ो पंछियों निरीह पशुओं की
इन सबका मुझ पर भी
हक़ है तुम्हारे बराबर ही

पर तुमने मेरी एक ना सुनी
तुम मुझसे अब तक ना जाने
कितना खिलवाड़ करते रहे
चेताया तुम्हे मैंने रह- रह के
पर तुम मेरी जरा भी ना माने

अब तुम देखो मेरी मनमानी
देखो जब प्रकृति
जिद पे आती है अपनी
देखो क्या होता है
जब प्रकृति का संतुलन खोता है

दोष ना देना मुझको तुम अब
किया है तुमने मनचाहा
चेतावनी इससे बड़ी क्या दूँ अब
तुम भुगतोगे सब अनचाहा

अभी वक़्त है तुमको
अब तो सुधरना होगा
वरना अंजाम इसका तुमको
और भी बुरा भुगतना होगा

जिस करनी को तुम अब तक
नाम देते रहे विकास का
वही आज तुम्हारे
कारण बनी विनाश का

विकास करो पर सोचो सबका
संतुलन ना बिगाड़ो सृष्टि का
ख्याल रखोगे जब तुम सबका
तभी विकास होगा सच्चा

संभल जाओ अब वक्त रहते
और ना करो अपनी हानि
थक गई अब तुमसे कहते
बस बंद करो अपनी मनमानी
बस बंद करो अपनी मनमानी🙏

✒ डॉ. कृतिका जोशी

7. मुस्करा कर तो देखो

चेहरे के गम को तुम
हंसी से छुपा लो
दो घड़ी तुम यूँ ही
झूठे ही मुस्कुरा लो

दर्द किसके नहीं आंचल में
सिल्वटे कहाँ नहीं माथों में
हंसकर तुम उन्हें भुला दो
दो घड़ी यूँ ही तुम
झूठे ही मुस्कुरा लो

वक़्त से बढ़कर जहाँ में
कोई मरहम नहीं होता
अपने साये से बढ़कर राहों में
कोई हमदम नहीं होता

खुद पर अभी तुम
यकीन करके तो देखो
मुश्किलों को फिर से तुम
चुनौती देकर तो देखो

राहें फिर आसान होती जाएंगी
काँटों में कलियाँ मुस्काएंगी
तुम दो घड़ी झूठे ही सही,
मुस्कुरा कर तो देखो.

डॉ कृतिका जोशी

8. सवाल

मुस्कुराने के लिए
वजह की तलाश ना कर,
छोटी सी ज़िन्दगी है तू
ज्यादा सवाल ना कर,
दिन है तो
रात को तो आना है
धूप को अपने साथ
छांव को भी लाना है,
ढ़लती शाम नहीं
उगते सूरज को देख
कीचड छोड
खिलते कमल को देख,
नजरिया बदल के तो देख
नजारे भी बदल जायेंगे
कश्तियों को भी एक दिन
साहिल मिल जायेंगे!

9. लॉकडाउन : कोविड 19

आज हालात थोड़े मजबूर हैं
कोविड 19 महामारी आयी है
सरकार ने भी मजबूरी में
लॉकडाउन की गुहार सब से लगाई है

दिहाड़ी मजदूरों पर जैसे
आफत सी आयी है
ले अपना परिवार समान संग
अपने गाँव की ओर दौड़ लगाई है

हालात चाहे जो भी हों
पर पिसता सिर्फ गरीब ही है
दो जून की रोटी के खातिर
जीता सिर्फ गरीब ही है

पैरों में छाले हैं आज
ना रोटी का ही ठिकाना है

घर पहुंचने की आस मे
कोसों चलता गरीब ही है

राह चलते क्या क्या होगा
इसकी ना परवाह उसे
बस पकड़ के एक रास्ता
मंजिल की है आस उसे

कहीं मजबूर एक माँ
प्रसव की पीड़ा सहती है
फिर भी मीलों फासले तय करती
बच्चे को सड़कों पर जन्म देती है

कहीं सडक रेल दुर्घटनाओं में
बिछती कितनों की लाश है
सच कहते है लोक में
ये गरीबी एक अभिशाप है

भूखे पेट भजन नहीं होते
फिर कोरोना तो एक जंग है
कैसे समझें वो गरीब मुसाफिर
जिसके हालात तंग हैं

हम बंद है घरों में
पर खाने को भरपूर है
आज थाली में क्या सजेगा
ये तय करने में मसरूफ हैं

उनके ना सर पे छत और
ना थाली में निवाला है
जलती गर्मी में सड़कों पर चलते
पैरों पर लगती आग है
सच कहते हैं लोक में ये
गरीबी एक अभिशाप है

डॉ कृतिका जोशी

10. तस्वीरें

तस्वीरें यादें संजोति हैं
बीती बातें, कुछ भूले -बिसरे पल
कुछ जाने पहचाने चेहरे
कुछ बेहद करीबी दोस्त
मन को फिर कहीं ले जाती हैं
तस्वीरें,बीते लम्हो को फिर से
जीने का एहसास दे जाती हैं

कुछ पल जो फिर कभी नहीं मिलेंगे
कुछ दोस्त जो शायद फिर ना मिल सकेंगे
अपनों की यादें फिर से तारोंताज़ा करती हैं
तस्वीरे बहुत कुछ बयां करती हैं

कैद करती हैं अपने अंदर
हसीं ठहाके मस्ती मज़ाक
ऑफिस कैंटीन घर परिवार
चाय की चुस्की मिठाईओं का स्वाद
घूमना फिरना और हर छोटे बड़े त्यौहार

कहीं मज़ाक में ली गयी सेल्फी
छोटी -छोटी बातें याद दिलाती है
चहेरे पे मुस्कान तो कभी
आखों में आंसू लाती हैं
तस्वीरें खूबसूरत लम्हों को
फिर से जीवंत बनाती हैं

.... डॉ कृतिका जोशी

11. शहीद कप्तान दीपक सिंह

शौर्यचक्र सम्मानित शहीद कप्तान दीपक सिंह को उनके जन्मदिन (28/2/1999)पर समर्पित

जिस उम्र में एक युवा
अपनी राहें है तलाशता
उस छोटी सी उम्र में तुम्हे
अपना ध्येय भी स्पष्ट था,

सोचता ना सामान्य जन जहाँ
अपनों और अपनों से आगे
छोटी सी उम्र में तुमने
छोड़ अपना परिवार
रखा देश को स्वयं से भी आगे,

प्रमाणित कर अपनी निष्ठा और
देश के प्रति अपनी भक्ति को
रक्षा के लिए देश की
त्यागा अपने प्राणों को

नमन हैँ तुम्हे
और तुम्हारी शहादत को
और नमन हैँ ऐसे वीर पुत्र के
माता -पिता के त्याग और समर्पण को,

आज जन्मदिन तुम्हारा
हम सब दिल से मनाएंगे
ऐसे वीर पुत्र की गाथा
सब अपने बच्चो को सुनाएंगे
जीवन लम्बा नहीं, बड़ा होना चाहिए
ये सीख उन्हें सिखाएंगे

तुमने सिद्ध किया हैँ नाम तुम्हारा
हो 'दीपक' तुम युवाओं के
प्रेरणा के श्रोत हो तुम
पर्याय हो वीरता के

शौर्य चक्र से सम्मानित तुम
देश की शान हो
भारत माता के वीर सपूत
तुम देश का अभिमान हो
... डॉ कृतिका जोशी

12. ये बातें

कभी दिल पे लगे
तो तक़दीर बदल देती हैं
रंगीन सपने दिखा
कभी मन को रिझाती हैं
ये बातें कभी अर्श से फर्श
तो कभी फर्श से अर्श
तक ले जाती हैं

बेफिज़ूल नहीं हैं बातें
ताकत है जहाँ बदलने की
कभी दुख में मरहम
तो कभी घाव दे जाती हैं बातें
मन को छेड़कर कभी
मुस्कान को आंसू और
आसूं को मुस्कान कर देती हैं

शब्दों का खेल हैं बातें

अच्छे शब्दों के मोती चुन
सुन्दर लहजे में पिरोया जाये
मधुर हो वाणी और
अंदाज हो लख़नवी तो
कहना क्या उन बातों का
वो सबके दिल को भाये

बातों के स्रोत का महत्व भी
इसमें बड़ा ही होता हैं
बोलने वाले किरदार अनुसार ही
इसका वजन भी बढ़ता हैं
करीबी हो कोई अपना
तो असर उस अनुसार ही
इसका बड़ा ही गहरा होता हैं

सोच समझ कर बोली वाणी
चमत्कार कर सकती है
ऐसे ही नहीं सत्संग से
लोगों की जिंदगी बदलती है
जो समझें और अपना ले इसको
तो मुश्किलें इस दुनिया की
चुटकी में हल हो सकती हैं

डॉ कृतिका जोशी

13. आयुर्वेद

जिंदगी जीने की कला सिखाये
अंधेरे में जो राह दिखाए
शरीर मन और आत्मा समझाये
हर समस्या का निदान बताये
वो शास्त्र है आयुर्वेद

गूढ रहस्यों का ख़जाना जहाँ हो
स्वस्थ के स्वास्थ्य की रक्षा जहाँ हो
आतुर के दुख का निवारण जहाँ हो
प्रकृति के साथ सामंजस्य जहाँ हो
वो शास्त्र है आयुर्वेद

पंचमहाभूत और त्रिदोष सिद्धांत की
संकल्पना का आधार जहाँ हो
हितायु अहितायु सुखायु दुखायु की
अवधारणा का विस्तृत ज्ञान जहाँ हो
वो शास्त्र है आयुर्वेद

आहार विहार आचार का
महत्व जीवन में बताये जो

योग औषधि रसायन का
यथावत प्रयोग बताये जो
वो शास्त्र है आयुर्वेद

अनादि अनन्त नित्य और शास्वत
जिसे अपनाने में नहीं कोई लागत
हम जो सुधार लें अपनी आदत
तब होगा जो भीतर से जाग्रत
वो शास्त्र है आयुर्वेद

डॉ कृतिका जोशी

14. आइना

सत्य का प्रतिबिम्ब दिखाता
बेहतर होने का मार्ग बताता
इसके दृश्यों में ना होती बनावट
और ना होता कोई छल कपट
ज्यों का त्यों दिखलाता है
आइना झूठ को झूठ बोलता है

वस्तुओं को दो गुना करने की
खासियत है इसकी खूब बड़ी
कहीं शीश महल खड़े कर
माया का एक जाल सा बुनकर
मन को खूब लुभाता है
पर आइना झूठ नहीं बोलता है

वैज्ञानिकों के लिए एक प्रयोग है
इसके अनेकों उपयोग हैं
जीवन इसके बिना है अधूरा
ना होता इसके बिना श्रृंगार पूरा
मौन होकर भी ये बहुत कुछ बोलता है

बस आईना झूठ नहीं बोलता है

सच बोले जो निष्पक्षता से
ऐसे बड़े विरले होते हैं
साफ हो जो आईने से
मिलते बड़े नसीब से हैं
झूठ बोले सारा जहाँ पर वे
कभी मीठा झूठ नहीं बोलते हैं

......डॉ कृतिका जोशी

15. बचपन

खट्टी मीठी वो यादें
बचपन की हर एक बातें
मन को गुदगुदा जाती हैं
जब बचपन की याद आती है

वो दोस्तों के साथ की मस्ती
बारिश में तैराना कश्ती
बात बात पर रूठना - मानना
नखरे दिखाना हसना- हसाना

नटखट बचपन की भोली शरारत
बड़ों के लिए करना आफत
मम्मी पापा की प्यारी फटकार
फिर दादा दादी का करना दुलार

होली दिवाली का करना इंतज़ार
भाई बहनों की मीठी तकरार
रंगों से खेलने की रहना उमंग

पटाखों से साथ करना हुड़दंग

बड़ा सुन्दर होता है बचपन
हमेशा खिलखिलाता है भोलापन
बीत जाये तो फिर ना मिले
ये कलि बस एक बार ही खिले.
डॉ कृतिका जोशी

16. प्रेम और भक्ति

प्रारब्ध बदल दे जो
वो प्रेम है भक्ति
समर्पण का भाव दे जो
वो शक्ति है भक्ति

जहाँ प्रेम में कुछ भी
खोने के लिए नहीं होता
जो प्रेम का भाव कभी भी
एकतरफा नहीं होता

निर्भय करके जो मन को
समाप्त कर दे मोह को
जीवन होता है क्षणिक ये
बोध दे दे जो मन को

सत्य में जो करे विलीन
अंतिम लक्ष्य हो जिसका मुक्ति
परमात्मा से मेल करा दे
वही प्रेम है भक्ति

बढकर के जिस राह में
अन्य सब कुछ लगे निरर्थक
नष्ट करे जो संताप
बस वही प्रेम है सार्थक

वही प्रेम है सच्चा
जो परमात्मा से जोड़े
वही प्रेम है अच्छा
जो भक्ति की तरफ मोड़े

जैसे तुलसीदास जी को
पत्नी प्रेम ने संत बनाया
श्री राम भक्ति में लीन कर उनको
जीवन का सच्चा लक्ष्य दिखाया

यही प्रेम का सच्चा है अर्थ
जो जीवन को बेहतर करे
जिसमे हो ना कोई भी शर्त
बस उच्चतम मार्ग में प्रेषित करे

डॉ कृतिका जोशी

17. शुक्रिया

समझ नहीं आता कैसे
तेरा शुक्रिया करूँ,
ऐ कलम तू मुझे
एक नयी ज़िन्दगी दे गयी.
दर्द दिल में जो उठते
फिर अश्कों में बदल जाते,
बिन बोले तू उन्हें एक
नया रास्ता दे गयी.
सब कुछ जो चाहा
कहाँ मिला किसी को इस जहाँ में,
पर ऐ कलम तू उन अधूरी चाहतों को
सहेजने का जरिया दे गयी.
देर रात जिन आँखों से
नींद अभी भी दूर है,
उन आँखों के लिए
तू आज लोरी बन गयी,
ऐ कलम तू मुझे
एक नयी ज़िन्दगी दे गयी.
तू वो सहेली है जो
रात बेरात मेरे साथ जगती है,

कभी कोरे पन्नों को
तो कभी किताबों को रंगती है,
यूँ तो तुझसे रिश्ता
एक ज़माने से था,
पर आज एहसास हुआ
कितनी गहरी तुझसे यह दोस्ती हो गयी,
ऐ कलम तू मुझे एक नयी ज़िन्दगी दे गयी .

18. वक्त

रुकता नहीं किसी के लिए
ये निरंतर बढ़ते जाता है
घड़ी की सुईयां रुके मगर
वक्त का पहिया घूमता जाता है

काल है जीवन का
ये घटता जाता है
जैसे जैसे वक्त का पहिया
आगे बढ़ते जाता है

जो चलता है इसके साथ
वही मंजिल को पता है
जो नष्ट करे इसे व्यर्थ
वो स्वयं नष्ट हो जाता है

वक्त मिला है सीमित सबको
छूट मिली है हर किसी को
जियो जैसे जीना चाहो
इसका जैसे उपयोग करना चाहो

कोई सीमित वक्त में भी
बड़े काम कर जाते है
कोई निराश हताश हो
हाथ मलते रह जाते हैं

हौंसले हो बुलंद तो व्यक्ति
मुट्ठी में वक़्त कर लेता है
जीता है अपनी शर्तों पर
हाथों की लकीरें बदल देता है
डॉ कृतिका जोशी

19. घर

जहाँ दिल को सुकून मिले
जहाँ अपनेपन की महक मिले
चार दीवारे कैसी भी
वो घर सबसे सुन्दर लगे

एहसास दे जो सब ठीक होने का
टूटने पर आसरा दे
बिखरके के भी जहाँ
किसी की निंदा की चिंता ना लगे

जहाँ महफ़ूज़ हर एक अलफ़ास हो
ना किसी के नाराज़ होने का डर
ना किसी को मानाने की चिंता हो
ऐसा ही होता है एक घर

जो ना सुने समाज की
जिसे फिक्र हो अपनों के साज की
जहाँ मतभेद हो सकता हो
पर मन में भेद कभी ना हो

जो सिर्फ एक ईमारत नहीं
जहाँ प्रेम हो कोने कोने में
जहाँ रंग दीवारों पर ही नहीं
हर रिश्ते में भी रंग उमंग हो
.... डॉ कृतिका जोशी

20. अजीज़

कभी जब कहीं भी मन ना लगे
सांस लो तो एक घुटन सी लगे

बेवजह जब दिल घबराये
अनजाना सा कोई डर सताए

सब सही हो मगर
दुंधली सी लगे डगर

ऐसी कश्मकश में जिसका
सबसे पहले दिल को ख्याल आये

जिससे बातें कर के कुछ पल
दिल को सुकून सा आये

वो ही अजीज़ है
सबसे ख़ास है

हर दर्द में जो हमेशा
दवा के जैसे साथ है

ऐसा एक अजीज
जो हो कोई साथ

तो जिंदगी हमेशा ही
लगे बड़ी खास

..... डॉ कृतिका जोशी

21. हसरतें

हसरतें अरमान और ख्वाहिशेँ
जितनी कम हो मन में
उतना ही बढ़े संतोष
और गम कम हो जीवन में
पर बिना हसरतों का भी कहो
क्या कोई जीवन है कहीं
कुछ लक्ष्य ना हो अगर तो
आगे बढ़ने की डगर है कहीं ?
हसरतें उतनी ही हों
जो जीने के लिए प्रेरित करे
जीवन में उत्साह दें
मन को खुशियों से भरे
जो मन की खुशियाँ छीने
उन अरमानों को दबा दो
जो वास्तविकता से परे हो
उन हसरतों को छोड़ दो
जो हों सीमा में तुम्हारे
उन्हें पाने में जान लगा दो
अगर ना हो सकें ख्वाहिशे पूरी
जो पूरी हो उनमे मन लगा लो

जो मिले उसमे ही खुशी
ना मिले वो प्रभु की मर्ज़ी
जिंदादिली का नाम है जिंदगी
ऐसे जियो जैसे हर दिन दिवाली
डॉ कृतिका जोशी

www.ingramcontent.com/pod-product-compliance
Lightning Source LLC
Chambersburg PA
CBHW070040070426
42449CB00012BA/3108